www.ingramcontent.com/pod-product-compliance
Lightning Source LLC
LaVergne TN
LVHW010412070526
838199LV00064B/5279
* 9 7 8 9 3 5 8 7 2 7 3 1 9 *

اصغر گونڈوی کی کچھ غزلیں

(شاعری)

اصغر گونڈوی

© Taemeer Publications LLC

Asghar Gondvi ki kuch Ghazlein
by: Asghar Gondvi
Edition: May '2024
Publisher :
Taemeer Publications LLC (Michigan, USA / Hyderabad, India)

ISBN 978-93-5872-731-9

مصنف یا ناشر کی پیشگی اجازت کے بغیر اس کتاب کا کوئی بھی حصہ کسی بھی شکل میں بشمول ویب سائٹ پر اَپ لوڈنگ کے لیے استعمال نہ کیا جائے۔ نیز اس کتاب پر کسی بھی قسم کے تنازع کو نمٹانے کا اختیار صرف حیدرآباد (تلنگانہ) کی عدلیہ کو ہو گا۔

© تعمیر پبلی کیشنز

کتاب	:	**اصغر گونڈوی کی کچھ غزلیں**
مصنف	:	**اصغر گونڈوی**
صنف	:	شاعری
ناشر	:	تعمیر پبلی کیشنز (حیدرآباد، انڈیا)
سالِ اشاعت	:	۲۰۲۴ء
صفحات	:	۵۰
سرورق ڈیزائن	:	تعمیر ویب ڈیزائن

فہرست

- **نعت حضور سرور کائنات صلّی اللہ علیہ وسلّم**
- آنکھوں میں تیری بزمِ تماشا لئے ہوئے
- نہ یہ شیشہ نہ یہ ساغر نہ یہ پیمانہ بنے
- ستم کے بعد اب ان کی پشیمانی نہیں جاتی
- پھر میں نظر آیا، نہ تماشا نظر آیا
- ہے ایک ہی جلوہ جو اِدھر بھی ہے اُدھر بھی
- عشق ہی سعی مری، عشق ہی حاصل میرا
- سرگرمِ تجلّی ہو، اے جلوۂ جانانہ!
- کوئی محمل نشیں کیوں شاد یا ناشاد ہوتا ہے
- موجوں کا عکس ہے خطِ جامِ شراب میں
- گلوں کی جلوہ گری، مہر و مہ کی بوالعجبی
- یہ عشق نے دیکھا ہے، یہ عقل سے پنہاں ہے
- آلام روزگار کو آساں بنا دیا
- ترے جلووں کے آگے ہمت شرح و بیاں۔۔
- وہ نغمہ بلبل رنگیں نوا اک بار ہو جائے
- عکس کس چیز کا آئینۂ حیرت میں نہیں
- ایک ایسی بھی تجلی آج مے خانے میں ہے
- اک عالم حیرت ہے فنا ہے نہ بقا ہے
- جو نقش ہے ہستی کا دھوکا نظر آتا ہے
- شکوہ نہ چاہیئے کہ تقاضا نہ چاہیئے
- گم کر دیا ہے دید نے یوں سر بہ سر مجھے
- تو ایک نام ہے مگر صدائے خواب کی طرح
- خدا جانے کہاں ہے اصغرؔ دیوانہ برسوں سے
- صرف اک سوز تو مجھ میں ہے مگر ساز نہیں
- پاس ادب میں جوش تمنا لئے ہوئے
- عشّووں کی ہے نہ اس نگہ فتنہ زا کی ہے

نعت حضور سرور کائنات ﷺ

کچھ اور عشق کا حاصل نہ عشق کا مقصود
جز آنکہ لطفِ خلش ہائے نالۂ بے سود

مگر یہ لطف بھی ہے کچھ حجاب کے دم سے
جو اٹھ گیا کہیں پردہ تو پھر زیاں ہے نہ سود

ہلائے عشق نہ یوں کائناتِ عالم کو
یہ ذرّے دے نہ اٹھیں سب شرارۂ مقصود

کہو یہ عشق سے چھیڑے تو سازِ ہستی کو
ہر ایک پردہ میں نغمۂ 'ہُوالموجود'

یہ کون سامنے ہے؟ صاف کہہ نہیں سکتے
بڑے غضب کی ہے نیرنگیِ طلسمِ نمود

اگر خموش رہوں میں، تو تُو ہی سب کچھ ہے
جو کچھ کہا، تو ترا حسن ہو گیا محدود

جو عرض ہے، اُسے اشعار کیوں مرے کہیے
اچھل رہے ہیں جگر پارہ ہائے خوں آلود

نہ میرے ذوقِ طلب کو ہے مدّعا سے غرض
نہ گامِ شوق کو پروائے منزلِ مقصود

مرا وجود ہی خود انقیاد و طاعت ہے
کہ ریشہ ریشہ میں ساری ہے اِک جبینِ سجود

مقامِ جہل کو پایا نہ علم و عرفاں نے
میں بے خبر ہوں باندازۂ فریب شہود

جو اڑ کے شوق میں یوں محوِ آفتاب ہوا
عجب بلا تھا یہ شبنم کا قطرۂ بے بود

چلوں، میں جانِ حزیں کو نثار کر ڈالوں
نہ دیں جو اہلِ شریعت، جبیں کو اذنِ سجود

وہ رازِ خلقتِ ہستی، وہ معنیِ کونین
وہ جانِ حُسنِ ازل، وہ بہارِ صبحِ وجود

وہ آفتابِ حرم، نازنینِ کُنجِ حرا
وہ دِل کا نور، وہ اربابِ درد کا مقصود

وہ سرورِ دو جہاں، وہ محمّدِ عربی
بہ روحِ اعظم و پاکش درودِ لامحدود

صبائے حُسن کا ادنیٰ سا یہ کرشمہ ہے
چمک گئی ہے شبستانِ غیب و بزمِ شہود

نگاہِ ناز میں پنہاں ہیں نکتہ ہائے فنا
چھُپا ہے خنجرِ ابرو میں رمزِ 'لا موجود'

وہ مستِ شاہدِ رعنا، نگاہ سحر طراز
وہ جام نیم شبی نرگسِ خمار آلُود

کچھ اس ادا سے مِرا اُس نے مدّعا پوچھا

ڈھلک پڑا مری آنکھوں سے گوہرِ مقصود

ذرا خبر نہ رہی ہوش و عقلِ ایماں کی
یہ شعر پڑھ کے وہیں ڈال دی جبینِ سجود

'چو بعد خاک شدن یا زیاں بود یا سود
بہ نقد خاک شوم بنگرم چہ خواہد بُود×'
×رومی

***

آنکھوں میں تیری بزمِ تماشا لئے ہوئے
جنّت میں بھی ہوں جنّتِ دنیا لئے ہوئے

پاسِ ادب میں جوشِ تمنّا لئے ہوئے
میں بھی ہوں اِک حباب میں دریا لئے ہوئے

کس طرح حسنِ دوست ہے بے پردہ آشکار
صد ہا حجابِ صورت و معنیٰ لئے ہوئے

ہے آرزو کہ آئے قیامت ہزار بار
فتنہ طرازیِ قدِ رعنا لئے ہوئے

طوفانِ تازہ اور پریشاں غبارِ قیس
شانِ نیازِ محملِ لیلیٰ لئے ہوئے

پھر دل میں التفات ہوا اُن کے جاگزیں
اِک طرزِ خاصِ رنجشِ بیجا لئے ہوئے

پھر ان لبوں پہ موجِ تبسّم ہوئی عیاں

سامانِ جوشِ رقص تمنّا لئے ہوئے

صوفی کو ہے مشاہدۂ حق کا ادعا
صد ہا حجابِ دیدۂ بینا لئے ہوئے

صد ہا تو لطفِ مے سے بھی محروم رہ گئے
یہ امتیازِ ساغر و مینا لئے ہوئے

مجھ کو نہیں ہے تابِ خلش ہائے روزگار
دل ہے نزاکتِ غمِ لیلیٰ لئے ہوئے

تُو برقِ حسن اور تجلّی سے یہ گریز
میں خاک اور ذوقِ تماشا لئے ہوئے

افتادگانِ عشق نے سر اَب تو رکھ دیا
اٹھیں گے بھی تو نقشِ کفِ پا لئے ہوئے

رگ رگ میں اور کچھ نہ رہا جُز خیالِ دوست
اس شوخ کو ہوں آج سراپا لئے ہوئے

دل مبتلا و مائلِ تمکینِ اِتّقا!
جامِ شرابِ نرگسِ رسوا لئے ہوئے

سرمایۂ حیات ہے حرمانِ عاشقی
ہے ساتھ ایک صورتِ زیبا لئے ہوئے

جوشِ جنوں میں چھوٹ گیا آستانِ یار
روتے ہیں منہ پہ دامنِ صحرا لئے ہوئے

اصغر ہجومِ دردِ غریبی میں اُس کی یاد
آئی ہے اِک طلسمِ تمنّا لئے ہوئے

***

نہ یہ شیشہ نہ یہ ساغر نہ یہ پیمانہ بنے
جانِ میخانہ تری نرگسِ مستانہ بنے

مرتے مرتے نہ کبھی عاقل و فرزانہ بنے
ہوش رکھتا ہو جو انسان تو دیوانہ بنے

پرتوِ رخ کے کرشمے تھے سرِ راہ گذار
ذرّے جو خاک سے اٹھے ، وہ صنم خانہ بنے

موج صبا سے بھی بڑھ کر ہوں ہوا کے جھونکے
ابر یوں جھوم کے چھا جائے کہ میخانہ بنے

کارفرما ہے فقط حُسن کا نیرنگِ کمال
چاہے وہ شمع بنے چاہے وہ پروانہ بنے

چھوڑ کر یوں درِ محبوب چلا صحرا کو
ہوش میں آئے ذرا قیس نہ دیوانہ بنے

خاک پروانہ کی برباد نہ کر بادِ صبا

عین ممکن ہے کہ کل تک مرا افسانہ بنے

جرعۂ مے تری مستی کی ادا ہو جائے
موجِ صہبا تری ہر لغزشِ مستانہ بنے

اُس کو مطلوب ہیں کچھ قلب و جگر کے ٹکڑے
جیب و دامن نہ کوئی پھاڑ کے دیوانہ بنے

رند جو ظرف اٹھا لیں وہی ساغر بن جائے
جس جگہ بیٹھ کے پی لیں وہی میخانہ بنے

٭٭٭

ستم کے بعد اب ان کی پشیمانی نہیں جاتی
نہیں جاتی نظر کی فتنہ سامانی نہیں جاتی

نمود جلوۂ بے رنگ سے ہوش اس قدر گُم ہیں
کہ پہچانی ہوئی صورت بھی پہچانی نہیں جاتی

پتہ ملتا نہیں اب آتشِ وادیِ ایمن کا
مگر مینائے مے کی نور افشانی نہیں جاتی

مگر اک مشتِ پر کی خاک سے کچھ ربط باقی ہے
ابھی تک شاخِ گل کی شعلہ افشانی نہیں جاتی

چمن میں چھیڑتی ہے کس مزے سے غنچہ و گُل کو
مگر موجِ صبا کی پاک دامانی نہیں جاتی

اڑا دیتا ہوں اب بھی تار تارِ ہست و بود اصغر
لباسِ زہد و تمکیں پر بھی عریانی نہیں جاتی

***

پھر میں نظر آیا، نہ تماشا نظر آیا
جب تُو نظر آیا مجھے تنہا نظر آیا

اللہ رے دیوانگئ شوق کا عالم
اک رقص میں ہر ذرّہ صحرا نظر آیا

اُٹھّے عجب انداز سے وہ جوشِ غضب میں
چڑھتا ہوا اک حُسن کا دریا نظر آیا

کس درجہ ترا حسن بھی آشوبِ جہاں ہے
جس ذرّے کو دیکھا وہ تڑپتا نظر آیا

اب خود ترا جلوہ جو دکھا دے، وہ دکھا دے
یہ دیدۂ بینا تو تماشا نظر آیا

تھا لطفِ جنوں دیدۂ خوں نابہ فشاں سے
پھولوں سے بھرا دامنِ صحرا نظر آیا

***

ہے ایک ہی جلوہ جو اِدھر بھی ہے اُدھر بھی
آئینہ بھی حیران ہے و آئینہ نگر بھی

ہو نور پہ کچھ اور ہی اِک نور کا عالم
اس رخ پہ جو چھا جائے مرا کیفِ نظر بھی

تھا حاصلِ نظّارہ فقط ایک تحیّر
جلوے کو کہے کون کہ اب گُم ہے نظر بھی

اب تو یہ تمنّا ہے کسی کو بھی نہ دیکھوں
صورت جو دکھا دی ہے تو لے جاؤ نظر بھی

؎ ؎ ؎

عشق ہی سعی مری، عشق ہی حاصل میرا
یہی منزل ہے، یہی جادۂ منزل میرا

یوں اڑائے لئے جاتا ہے مجھے دل میرا
ساتھ دیتا نہیں اب جادۂ منزل میرا

اور آ جائے نہ زندانیٔ وحشت کوئی
ہے جنوں خیز بہت شورِ سلاسل میرا

میں سراپا ہوں تمنّا، ہمہ تن درد ہوں میں
ہر بُنِ مو میں تڑپتا ہے مرے دل میرا

داستاں ان کی اداؤں کی ہے رنگیں، لیکن
اس میں کچھ خونِ تمنّا بھی ہے شامل میرا

بے نیازی کو تری کچھ بھی پذیرانہ ہوا
شُکرِ اخلاص مرا، شکوۂ باطل میرا

* * *

سرگرمِ تجلّی ہو، اے جلوۂ جانانہ!
اُڑ جائے دھواں بن کر، کعبہ ہو کہ بُت خانہ

یہ دین، وہ دنیا ہے، یہ کعبہ، وہ بت خانہ
اِک اور قدم بڑھ کر، اے ہمّتِ مردانہ

قربان ترے میکش، ہاں اے نگہِ ساقی!
تُو صورتِ مستی ہے، تُو معنیٔ میخانہ

اب تک نہیں دیکھا ہے کہ اس رُخِ خنداں کو
اِک تارِ شعاعی سے اُلجھا ہے جو پروانہ

مانا کہ بہت کچھ ہے یہ گرمیٔ حُسنِ شمع
اس سے بھی زیادہ ہے سوزِ غمِ پروانہ

زاہد کو تعجّب ہے، صُوفی کو تحیّر ہے
صد رشکِ طریقت ہے، اِک لغزشِ مستانہ

اِک قطرۂ شبنم پر خورشید ہے عکس آرا

یہ نیستی و ہستی، افسانہ ہے افسانہ

انداز ہیں جذب اس میں سب شمعِ شبستاں کے
اِک حسن کی دُنیا ہے خاکسترِ پروانہ

٭٭٭

کوئی محمل نشیں کیوں شاد یا ناشاد ہوتا ہے
غبارِ قیس خود اُٹھتا ہے، خود برباد ہوتا ہے

قفس کیا، حلقہ ہائے دام کیا، رنجِ اسیری کیا
چمن پر مٹ گیا جو ہر طرح، آزاد ہوتا ہے

یہ سب نا آشنائے لذّتِ پرواز ہیں شاید
اسیروں میں ابھی تک شکوۂ صیّاد ہوتا ہے

بہارِ سبزہ و گُل ہے، کرم ہوتا ہے ساقی کا
جواں ہوتی ہے دنیا، میکدہ آباد ہوتا ہے

بنا لیتا ہے موجِ خونِ دل سے اِک چمن اپنا
وہ پابندِ قفس جو فطرتاً آزاد ہوتا ہے

بہار انجام سمجھوں اس چمن کا یا خزاں سمجھوں
زبانِ برگِ گُل سے مجھ کو کیا ارشاد ہوتا ہے؟

ازل میں اِک تجلّی سے ہوئی تھی بے خودی طاری

تمھیں کو میں نے دیکھا تھا، کچھ ایسا یاد ہوتا ہے

سمائے جا رہے ہیں اب وہ جلوے دیدہ و دل میں
یہ نظّارہ ہے یا ذوقِ نظر برباد ہوتا ہے

زمانہ ہے کہ خوگر ہو رہا ہے شور و شیون کا
یہاں وہ درد جو بے نالہ و فریاد ہوتا ہے

یہاں کوتاہیٔ ذوقِ عمل ہے خود گرفتاری
جہاں بازو سمٹتے ہیں، وہیں صیّاد ہوتا ہے

یہاں مستوں کے سر الزامِ ہستی ہی نہیں اصغر
پھر اس کے بعد ہر الزام بے بنیاد ہوتا ہے

***

موجوں کا عکس ہے خطِ جامِ شراب میں
یا خون اچھل رہا ہے رگِ ماہتاب میں

وہ موت ہے کہ کہتے ہیں جس کو سکون سب
وہ عین زندگی ہے ہے جو ہے اضطراب میں

دوزخ بھی ایک جلوۂ فردوس سے حسن ہے
جو اس سے بے خبر ہیں وہی ہیں عذاب میں

اس دن بھی میری روح تھی محوِ نشاطِ دید
موسیٰ الجھ گئے تھے سوال و جواب میں

میں اضطرابِ شوق کہوں یا جمالِ دوست
اک برق ہے جو کوند رہی ہے نقاب میں

٭٭٭

گلوں کی جلوہ گری، مہر و مہ کی بوالعجبی
تمام شعبدہ ہائے طلسم بے سببی

گذر گئی ترے مستوں پہ وہ بھی تیرہ شبی
نہ کہکشاں نہ ثریا نہ خوشہ عنبی

یہ زندگی ہے یہی اصل علم و حکمت ہے
جمال دوست و شب مہ و بادہ عنبی

فروغ حسن سے تیرے چمک گئی ہر شے
ادا و رسم بلالی و طرز بولہبی

ہجوم غم میں نہیں کوئی تیرہ بختوں کا
کہاں ہے آج تو اے آفتاب نیم شبی

سرشت عشق طلب اور حسن بے پایاں
حصول تشنہ لبی ہے شدید تشنہ لبی

وہیں سے عشق نے بھی شورشیں اڑائی ہیں

جہاں سے تو نے لے لئے خندہ ہائے زیر لبی

کشش نہ جام نگاریں کی پوچھ اے ساقی
جھلک رہا ہے مرا آب و رنگ تشنہ لبی

٭ ٭ ٭

یہ عشق نے دیکھا ہے، یہ عقل سے پنہاں ہے
قطرہ میں سمندر ہے، ذرہ میں بیاباں ہے

ہے عشق کہ محشر میں یوں مست و خراماں ہے
دوزخ بگریباں ہے، فردوس بہ داماں ہے

ہے عشق کی شورش سے رعنائی و زیبائی
جو خون اچھلتا ہے وہ رنگ گلستاں ہے

پھر گرم نوازش ہے ضو مہر درخشاں کی
پھر قطرہ شبنم میں ہنگامہ طوفاں ہے

اے پیکر محبوبی میں کس سے تجھے دیکھوں
جس نے تجھے دیکھا ہے وہ دیدہ حیراں ہے

سو بار ترا دامن ہاتھوں میں مرے آیا
جب آنکھ کھلی دیکھا ، اپنا ہی گریباں ہے

اک شورش بے حاصل ، اک آتش بے پروا

آفت کدۂ دل میں اب کفر نہ ایماں ہے

دھوکا ہے یہ نظروں کا، بازیچہ ہے لذت کا
جو کنج قفس میں تھا، وہ اصل گلستاں ہے

اک غنچہ افسردہ، یہ دل کی حقیقت تھی
یہ موج زنی خوں کی، رنگینی پیکاں ہے

یہ حسن کی موجیں ہیں یا جوش تبسم ہے
اس شوخ کے ہونٹوں پر اک برق سی لرزاں ہے

اصغر سے ملے لیکن اصغر کو نہیں دیکھا
اشعار میں سنتے ہیں کچھ کچھ وہ نمایاں ہے

٭٭٭

آلام روزگار کو آساں بنا دیا
جو غم ہوا اسے غم جاناں بنا دیا

میں کامیاب دید بھی محروم دید بھی
جلوں کے اژدہام نے حیراں بنا دیا

یوں مسکرائے جاں سی کلیوں میں پڑ گئی
یوں لب کشا ہوئے کہ گلستاں بنا دیا

کچھ شورشوں کی نذر ہوا خون عاشقاں
کچھ جم کے رہ گیا اسے حرماں بنا دیا

کچھ آگ دی ہوس میں تو تعمیر عشق کی
جب خاک کر دیا اسے عرفاں بنا دیا

کیا کیا قیود دہر میں ہیں اہل ہوش کے
ایسی فضائے صاف کو زنداں بنا دیا

اک برق تھی ضمیر میں فطرت کے موجزن

آج اس کو حسن و عشق کا ساماں بنا دیا

وہ شورشیں ، نظام جہاں جن کے دم سے ہے
جب مختصر کیا ، انہیں انساں بنا دیا

ہم اس نگاہ ناز کو سمجھے تھے نیشتر
تم نے تو مسکرا کے رگ جاں بنا دیا

بلبل بہ آہ و نالہ و گل مست رنگ و بو
مجھ کو شہید رسم گلستاں بنا دیا

کہتے ہیں اک فریب مسلسل ہے زندگی
اس کو بھی وقف حسرت و حرماں بنا دیا

عالم سے بے خبر بھی ہوں عالم میں بھی ہوں
ساقی نے اس مقام کو آساں بنا دیا

اس حسن کاروبار کو مستوں سے پوچھئے
جس کو فریب ہوش نے عصیاں بنا دیا

***

ترے جلووں کے آگے ہمت شرح و بیاں رکھ دی
زبان بے نگہ رکھ دی نگاہ بے زباں رکھ دی

مٹی جاتی تھی بلبل جلوہ گل ہائے رنگیں پر
چھپا کر کس نے ان پردوں میں برق آشیاں رکھ دی

نیاز عشق کو سمجھا ہے کیا اے واعظ ناداں!
ہزاروں بن گئے کعبے جبیں میں نے جہاں رکھ دی

قفس کی یاد میں یہ اضطراب دل، معاذ اللہ!
کہ میں نے توڑ کر ایک ایک شاخ آشیاں رکھ دی

کرشمے حسن کے پنہاں تھے شاید رقص بسمل میں
بہت کچھ سوچ کر ظالم نے تیغ خوں فشاں رکھ دی

الٰہی ! کیا کیا تو نے کہ عالم میں تلاطم ہے
غضب کی ایک مشت خاک زیر آسماں رکھ دی

***

وہ نغمہ بلبل رنگیں نوا اک بار ہو جائے
کلی کی آنکھ کھل جائے چمن بیدار ہو جائے

نظر وہ ہے جو اس کون و مکاں سے پار ہو جائے
مگر جب روئے تاباں پر پڑے بے کار ہو جائے

تبسم کی ادا سے زندگی بیدار ہو جائے
نظر سے چھیڑ دے رگ رگ مری ہشیار ہو جائے

تجلی چہرۂ زیبا کی ہو کچھ جام رنگیں کی
زمیں سے آسماں تک عالم انوار ہو جائے

تم اس کافر کا ذوق بندگی اب پوچھتے کیا ہو
جسے طاق حرم بھی ابروئے خم دار ہو جائے

سحر لائے گی کیا پیغام بیداری شبستاں میں
نقاب رخ الٹ دو خود سحر بیدار ہو جائے

یہ اقرار خودی ہے دعوئ ایمان و دیں کیسا
ترا اقرار جب ہے خود سے بھی انکار ہو جائے

نظر اس حسن پر ٹھہرے تو آخر کس طرح ٹھہرے
کبھی خود پھول بن جائے کبھی رخسار ہو جائے

کچھ ایسا دیکھ کر چپ ہوں بہار عالم امکاں
کوئی اک جام پی کر جس طرح سرشار ہو جائے

چلا جاتا ہوں ہنستا کھیلتا موج حوادث سے
اگر آسانیاں ہوں زندگی دشوار ہو جائے

***

عکس کس چیز کا آئینۂ حیرت میں نہیں
تیری صورت میں ہے کیا جو میری صورت میں نہیں

دونوں عالم تری نیرنگ ادائی کے نثار
اب کوئی چیز یہاں جیب محبت میں نہیں

دولت قرب کو خاصان محبت جانیں
چند اشکوں کے سوا کچھ میری قسمت میں نہیں

لوگ مرتے بھی ہیں، جیتے بھی ہیں، بیتاب بھی ہیں
کون سا سحر تری چشم عنایت میں نہیں

سب سے اک طرز جدا، سب سے اک آہنگ جدا
رنگ محفل میں ترا جو ہے وہ خلوت میں نہیں

نشۂ عشق میں ہر چیز اڑی جاتی ہے
کون ذرہ ہے کہ سرشار محبت میں نہیں

دعویٔ دید غلط دعویٔ عرفاں بھی غلط
کچھ تجلی کے سوا چشم بصیرت میں نہیں

ہو گئی جمع متاع غم حرماں کیوں کر
میں سمجھتا تھا کوئی پردۂ غفلت میں نہیں

ذرے ذرے میں کیا جوش ترنم پیدا
خود مگر کوئی نوا ساز محبت میں نہیں

نجد کی سمت سے یہ شور انا لیلیٰ کیوں
شوخیٔ حسن اگر پردۂ وحشت میں نہیں

***

ایک ایسی بھی تجلی آج مے خانے میں ہے
لطف پینے میں نہیں ہے بلکہ کھو جانے میں ہے

معنی آدم کجا اور صورت آدم کجا
یہ نہاں خانے میں تھا اب تک نہاں خانے میں ہے

خرمن بلبل تو پھونکا عشق آتش رنگ نے
رنگ کو شعلہ بنا کر کون پروانے میں ہے

جلوۂ حسن پرستش گرمیٔ حسن نیاز
ورنہ کچھ کعبے میں رکھا ہے نہ بت خانے میں ہے

رند خالی ہاتھ بیٹھے ہیں اڑا کر جزو و کل
اب نہ کچھ شیشے میں ہے باقی نہ پیمانے میں ہے

میں یہ کہتا ہوں فنا کو بھی عطا کر زندگی
تو کمال زندگی کہتا ہے مر جانے میں ہے

جس پہ بت خانہ تصدق جس پہ کعبہ بھی نثار
ایک صورت ایسی بھی سنتے ہیں بت خانے میں ہے

کیا بہار نقش پا ہے اے نیاز عاشقی
لطف سر رکھنے میں کیا سر رکھ کے مر جانے میں ہے

بے خودی میں دیکھتا ہوں بے نیازی کی ادا
کیا فنائے زندگی خود حسن بن جانے میں ہے

* * *

اک عالم حیرت ہے فنا ہے نہ بقا ہے
حیرت بھی یہ حیرت ہے کہ کیا جانیے کیا ہے

سو بار جلا ہے تو یہ سو بار بنا ہے
ہم سوختہ جانوں کا نشیمن بھی بلا ہے

ہونٹوں پہ تبسم ہے کہ اک برق بلا ہے
آنکھوں کا اشارہ ہے کہ سیلاب فنا ہے

سنتا ہوں بڑے غور سے افسانۂ ہستی
کچھ خواب ہے کچھ اصل ہے کچھ طرز ادا ہے

ہے تیرے تصور سے یہاں نور کی بارش
یہ جان حزیں ہے کہ شبستان حرا ہے

***

جو نقش ہے ہستی کا دھوکا نظر آتا ہے
پردے پہ مصور ہی تنہا نظر آتا ہے

نیرنگ تماشا وہ جلوا نظر آتا ہے
آنکھوں سے اگر دیکھو پردہ نظر آتا ہے

لو شمع حقیقت کی اپنی ہی جگہ پر ہے
فانوس کی گردش سے کیا کیا نظر آتا ہے

اے پردہ نشیں ضد ہے کیا چشم تمنا کو
تو دفتر گل میں بھی رسوا نظر آتا ہے

نظارہ بھی اب گم ہے بے خود ہے تماشائی
اب کون کہے اس کو جلوا نظر آتا ہے

جو کچھ تھی یہاں رونق سب باد چمن سے تھی
اب کنج قفس مجھ کو سونا نظر آتا ہے

احساس میں پیدا ہے پھر رنگ گلستانی
پھر داغ کوئی دل میں تازہ نظر آتا ہے

تھی فرد عمل اصغرؔ کیا دست مشیت میں
اک ایک ورق اس کا سادا نظر آتا ہے

***

شکوہ نہ چاہیئے کہ تقاضا نہ چاہیئے
جب جان پر بنی ہو تو کیا کیا نہ چاہیئے

ساقی تری نگاہ کو پہچانتا ہوں میں
مجھ سے فریب ساغر و مینا نہ چاہیئے

یہ آستان یار ہے صحن حرم نہیں
جب رکھ دیا ہے سر تو اٹھانا نہ چاہیئے

خود آپ اپنی آگ میں جلنے کا لطف ہے
اہل تپش کو آتش سینا نہ چاہیئے

کیا کم ہیں ذوق دید کی جلوہ فرازیاں
آنکھوں کو انتظار تماشا نہ چاہیئے

وہ بارگاہ حسن ادب کا مقام ہے
جز درد و اشتیاق تقاضا نہ چاہیئے

تیغ ادا میں اس کے ہے اک روح تازگی
ہم کشتگان شوق کو مر جانا چاہیئے

ہستی کے آب و رنگ کی تعبیر کچھ تو ہو
مجھ کو فقط یہ خواب زلیخا نہ چاہیئے

اس کے سوا تو معنئ مجنوں بھی کچھ نہیں
ایسا بھی ربط صورت لیلیٰ نہ چاہیئے

ٹھہرے اگر تو منزل مقصود پھر کہاں
ساغر بکف گرے تو سنبھلنا نہ چاہیئے

اک جلوہ خال و خط سے بھی آراستہ سہی
واماندگی ذوق تماشہ نہ چاہیئے

سب اہل دید بے خود و حیران و مست ہیں
کوئی اگر نہیں ہے تو پروا نہ چاہیئے

اصغرؔ صنم پرست سہی پھر کسی کو کیا
اہل حرم کو کاوش بے جا نہ چاہیئے

***

گم کر دیا ہے دید نے یوں سر بہ سر مجھے
ملتی ہے اب انہیں سے کچھ اپنی خبر مجھے

نالوں سے میں نے آگ لگا دی جہان میں
صیاد جانتا تھا فقط مشت پر مجھے

اللہ رے ان کے جلوے کی حیرت فزائیاں
یہ حال ہے کہ کچھ نہیں آتا نظر مجھے

مانا حریم ناز کا پایہ بلند ہے
لے جائے گا اچھال کے درد جگر مجھے

ایسا کہ بت کدے کا جسے راز ہو سپرد
اہل حرم میں کوئی نہ آیا نظر مجھے

کیا درد ہجر اور یہ کیا لذت وصال
اس سے بھی کچھ بلند ملی ہے نظر مجھے

مست شباب وہ ہیں میں سرشار عشق ہوں
میری خبر انہیں ہے نہ ان کی خبر مجھے

جب اصل اس مجاز و حقیقت کی ایک ہے
پھر کیوں پھرا رہے ہیں ادھر سے ادھر مجھے

٭٭٭

تو ایک نام ہے مگر صدائے خواب کی طرح
میں ایک حرف ہوں مگر نشان آب کی طرح

مجھے سمجھ کہ میں ہی اصل راز کائنات ہوں
دھرا ہوں تیرے سامنے کھلی کتاب کی طرح

میں کوئی گیت ہوں مگر صدا کی بندشوں میں ہوں
مرے لہو میں راگ ہے سم عذاب کی طرح

مری پناہ گاہ تھی انہی خلاؤں میں کہیں
میں سطح آب پر رہا حباب آب کی طرح

میں اصغؔر حزیں کبھی کسی کے دوستوں میں تھا
وہ دن بھی مجھ کو یاد ہیں خیال خواب کی طرح

٭٭٭

خدا جانے کہاں ہے اصغرؔ دیوانہ برسوں سے
کہ اس کو ڈھونڈتے ہیں کعبہ و بت خانہ برسوں سے

تڑپنا ہے نہ جلنا ہے، نہ جل کر خاک ہونا ہے
یہ کیوں سوئی ہوئی ہے فطرت پروانہ برسوں سے

کوئی ایسا نہیں یا رب کہ جو اس درد کو سمجھے
نہیں معلوم کیوں خاموش ہے دیوانہ برسوں سے

کبھی سوز تجلی سے اسے نسبت نہ تھی گویا
پڑی ہے اس طرح خاکستر پروانہ برسوں سے

ترے قربان ساقی اب وہ موج زندگی کیسی
نہیں دیکھی ادائے لغزش مستانہ برسوں سے

مری رندی عجب رندی مری مستی عجب مستی
کہ سب ٹوٹے پڑے ہیں شیشہ و پیمانہ برسوں سے

حسینوں پر نہ رنگ آیا نہ پھولوں میں بہار آئی
نہیں آیا جو لب پر نغمۂ مستانہ برسوں سے

کھلی آنکھوں سے ہوں حسن حقیقت دیکھنے والا
ہوئی لیکن نہ توفیق در بت خانہ برسوں سے

لباس زہد پر پھر کاش نذر آتش صہبا
کہاں کھوئی ہوئی ہے جرأت رندانہ برسوں سے

جسے لینا ہو آ کر اس سے اب درس جنوں لے لے
سنا ہے ہوش میں ہے اصغرؔ دیوانہ برسوں سے

***

صرف اک سوز تو مجھ میں ہے مگر ساز نہیں
میں فقط درد ہوں جس میں کوئی آواز نہیں

مجھ سے جو چاہئے وہ درس بصیرت لیجے
میں خود آواز ہوں میری کوئی آواز نہیں

وہ مزے ربط نہانی کے کہاں سے لاؤں
ہے نظر مجھ پہ مگر اب غلط انداز نہیں

پھر یہ سب شورش و ہنگامۂ عالم کیا ہے
اسی پردے میں اگر حسن جنوں ساز نہیں

آتش جلوۂ محبوب نے سب پھونک دیا
اب کوئی پردہ نہیں پردہ بر انداز نہیں

***

پاس ادب میں جوش تمنا لئے ہوئے
میں بھی ہوں اک حباب میں دریا لئے ہوئے

رگ رگ میں اور کچھ نہ رہا جز خیال دوست
اس شوخ کو ہوں آج سراپا لئے ہوئے

سرمایۂ حیات ہے حرمان عاشقی
ہے ساتھ ایک صورت زیبا لئے ہوئے

جوش جنوں میں چھوٹ گیا آستان یار
روتے ہیں منہ میں دامن صحرا لئے ہوئے

اصغرؔ ہجوم درد غریبی میں اس کی یاد
آئی ہے ایک طلسم تمنا لئے ہوئے

***

عشووں کی ہے نہ اس نگہ فتنہ زا کی ہے
ساری خطا مرے دلِ شورش ادا کی ہے

مستانہ کر رہا ہوں رہِ عاشقی کو طے
کچھ ابتداء کی ہے نہ خبر انتہا کی ہے

کھلتے ہی پھول باغ میں پژمردہ ہو چلے
جنبشِ رگ بہار میں موجِ فنا کی ہے

ہم خستگانِ راہ کو راحت کہاں نصیب
آواز کان میں ابھی بانگِ درا کی ہے

ڈوبا ہوا سکوت میں ہے جوشِ آرزو
اب تو یہی زبان مرے مدّعا کی ہے

لطفِ نہانِ یار کا مشکل ہے امتیاز
رنگت چڑھی ہوئی ستمِ برملا کی ہے

***